KB096508

나의 우주를 밝히다

: Lighting

발간 목적

진로는 변화하는 세계와 미래를 대비하여 삶의 방식을 결정하고 자신의 삶을 만들어가는 과정입니다. 한 개인이 일생동안 겪는 경험의 총체이기에 단순히 상급학교로의 진학이나 졸업 후 취직에 국한되는 개념이 아닙니다.

현재 사회변화가 빠르게 진행되면서 미래지향적인 진로세계와 직업세계탐색이 중요시 되고 있습니다. 이에 발맞추어 청소년들의 진로교육 역시 중요해지고 있습니다. 진로교육을 통해 개인이 가진 고유한 역량을 이해하게 되면서 진로 성숙도를 높일 수 있습니다.

본 워크북 「나의 우주를 밝히다: Lighting」은 빠르게 변하는 사회 변화에 발맞추어 자기와 진로에 대해 이해할 수 있는 내용을 수록하여 진로탐색이 가능하도록 제작하였습니다. 또한 진로탐색에 흥미를 가질 수 있도록 자신의 삶, 즉 별을 찾고 있다는 개념을 추가해 학생들이 자기와 진로에 대한 이해를 어렵지 않게 접근할 수 있도록 구성했습니다. 이를 통해 자신에게 펼쳐질 미래와 세계에 대한 구축을 돕고자 합니다.

진로탐색에 많은 도움이 되길 바랍니다.

워크북 구성

워크북의 구성은 크게 자기 이해, 진로 이해, 진로 탐색, 진로 계획 네 영역으로 이루어져 있습니다. 주 5일 총 한달 간의 여정을 통해 각 영역에 대한 이해를 돕고 있습니다.

진로탐색을 도울 수 있는 활동지 중심으로 여러 질문을 통해 자신에 대해 깊이 탐색할 수 있도록 구성했습니다. 진로에 대한 이해를 도울 수 있는 '홀랜드 검사'와 진로에 참고할 수 있는 정보를 수록하였습니다. 더불어 각 주차에 부합하는 진로 활동지를 구성하여 학생들이 흥미롭게 워크북을 활용할 수 있도록 했습니다.

또한 진로에 대한 막연함을 해결하기 위해 자신의 별을 찾아갈 수 있도록 도움을 주는 네비게이션 '폴라리스'와 함께 하고 있습니다. '폴라리스'의 조력을 통해 삶의 과정을 그릴 수 있도록 구성하고 있습니다.

본 워크북 「나의 우주를 밝히다: Lighting」은 학생들이 자기와 직업에 대한 이해를 통해 자신의 진로에 대한 탐색을 할 수 있길 바랍니다.

나의 우주를 밝히다: Lignting

워밍업

[우주선에 탑승하신 여러분을 진심으로 환영합니다!]

[여러분의 탐험을 안전하게 도울 저는 네비게이션 '폴라
리스'입니다. 저는 우주인이 진로를 정하지 못했거나
찾을 수 있도록 돕기 위해 만들어졌습니다.
자신을 알아가고 진로를 찾아가는 것은 삶을
탐험하는 것에 있어서 필요한 요소 입니다.]

[당장 자신이 원하는 직업을 찾지 못하더라도 스스로에
대해 알아가다 보면 진로를 찾고 정하는 것에 있어 큰
도움이 되기 때문에 저 '폴라리스'는 만들어지게
되었습니다.]

[이 탐험으로 스스로에 대해 잘 알게 되고 자신에게 맞는
진로를 찾게 되길 바라겠습니다.]

[당신이 스스로에 대해 알아가고 자신에게 맞는 진로를
정하기 위해 총 4주차의 탐험 일정이 계획되어 있습니다.]

1주 차 - 탐험을 나가기 전 스스로에 대해 탐색하고 짐을 챙기기
2주 차 - 진로에 관한 의미를 찾아 행성을 탐색하기
3주 차 - 자신에게 맞는 별로 나아가기
4주 차 - 별에 도착해 우주 탐험을 마치며 탐험 정리하기

[저 '폴라리스'는 당신이 자신에 대해 알고 진로를 찾아 별에 안전하게 도착할 때까지 최선을 다하겠습니다.]

워밍업

[본격적으로 탐험에 들어가기 전에 한 번 생각해볼까요?]

1. 이 탐험에 참여한 이유는 무엇인가요?

2. 이 탐험을 통해 어떤 걸 얻고 싶은가요?

3. 탐험에 임할 자세를 자세하게 작성해주세요.

4. 탐험이 끝났을 때, 어떻게 성장해 있을까요?

[좋아요! 이제 정말 이 탐험을 시작할 때가 온 것
같습니다. 그럼 이제 본격적으로 나아가 볼까요?
이 탐험이 여러분에게 진심으로 도움이 되길 바랍니다.]

1주 차

자신에 대해 탐색하고
우주선 정비하기

1일 차:연료통 채우기

2일 차:나의 우주선 정비하기

3일 차:나의 우주복 점검

4일 차:성장 은하수

5일 차:종합 페르소나

1일차
연료통 채우기

[우주선 출발을 위해 짐을 싸는 첫번째 날입니다.
자신과 맞는 진로를 찾으려면 우선 자신부터 알아야
합니다. 자신에 대해 생각하다 보면 결국 하고 싶은
것과 잘 맞는 길이 보일 겁니다.]

[자신에 대한 정보를 모아 우주선을 가동하기 위한
연료통을 채우는 첫 단계로 앞으로의 탐험을
준비해봅시다. 그럼 이제부터 본격적으로
시작해볼까요?]

〈연료통 채우기 3단계〉
1. 연료통 뚜껑 잠금 해제
2. 연료통 채우기
3. 연료통 잠그기

성격 형용사

감정적인, 강압적인, 거친, 검소한, 게으른 ,경쟁적인,
고집 센, 공격적인, 공정한, 관대한, 관용적인, 긍정적인,
괴짜인, 논쟁적인, 다정한, 단순한, 단호한, 대담한
독단적인, 동정적인, 민감한, 무질서한, 마음이 열린,
무뚝뚝한, 물질적인, 반항적인, 방어적인, 부끄러운,
분석적인, 바른, 비평적인, 부주의한, 여유 있는, 예리한,
완고한, 용기 있는, 안정적인, 야망 있는, 운동을 잘하는,
의존적인, 이상적인, 인내하는, 엄격한, 억제하는,
사교적인, 실용적인, 심술궂은, 수줍어 하는, 순응하는,
순진한, 솔직한, 자기 분석적인, 재빠른, 재주 있는,
재치 있는, 저항하는, 절제하는, 정적인, 정중한,
종교적인, 정확한, 제멋대로의, 즐거운, 지배적인, 진실한,
진지한, 질투심 많은, 집에 틀어박힌, 책임적인, 충동적인,
탐욕적인, 태평한, 통찰력 있는, 합리적인, 현실적인,
호기심 있는, 허풍 떠는, 까다로운, 깨어있는, 끈기있는,
딱딱한, 따뜻한, 뻔뻔스러운

1일 차
연료통 채우기

1) 당신의 성격을 가장 잘 표현하는 단어는 무엇인가요?

(1)
(2)
(3)

2) 자신의 주변에 있는 사람에게 자신을 표현하는 단어를 물어보세요.

(1)
(2)
(3)

3) 타인이 이야기한 것 중 자신이 생각했을 때의 일치한 것과 일치하지 않은 단어를 적어보세요.

(1)
(2)
(3)

2. 연료통 채우기

1) 내가 보는 나는 어떤 사람인 것 같나요?

(1)

(2)

(3)

2) 부모님이나 친구에게 나를 물어보고 내가 어떤 사람인지 써보아요.

(1)

(2)

(3)

3) 낯선 상황에 있을 때의 나는 어떤 사람인가요?

4) 편안한 상황에 있을 때의 나는 어떤 사람인가요?

1일 차
연료통 채우기

3. 연료통 잠그기

1) 타인이 이야기하는 나에게 맞는 직업은 어떤 것일까요? 이유가 무엇이라고 생각하나요?

(1)   - 이유

(2)   - 이유

2) 나는 어떤 직업을 갖고 싶나요? 이유도 자세히 작성해주세요.

(1)   - 이유

(2)   - 이유

3) 나에 대해 잘 알게 되었나요? 그렇다면 이유를 작성해주세요.

예 -
아니요 -
    - 어떻게 하는 것이 좋을까요?

[나에 대해 생각해보고 들어보며 스스로를 조금 더
알게 되었나요? 나에 대한 정보를 쌓으며 우주선
출발을 위해 연료통을 드디어 다 채웠습니다.]

[비행을 하기 위한 연료통을 채웠으니
이제 우리가 비행하게 될 우주에 관해 조금 더
알아봐야겠죠? 그럼 이제 우주로 나가기 전 어떤
별이 있는지 알아보고 본격적으로 비행을 하기 위한
준비를 시작해 봅시다.]

2일 차
나의 우주선 정비하기

[우주여행의 시작이 설레나요?
이제 우리는 수많은 별을 마주하러 나가게 될 겁니다.
지구 밖 우주에는 수많은 별들이 존재합니다.
자신이 찾는 별에 도착하기 위해서는 우주선이
튼튼해야겠죠? 탐험을 나가기 전 12가지 부품들 중
자신의 우주선에 맞는 부품을 찾아 별에 무사히 도착할 수
있도록 해봅시다.]

[여기서 이야기하는 부품은 여러분들의 가치관을
의미합니다. 가치관은 인간의 삶이나 어떠한 대상에 대해
무엇이 좋고, 옳고, 바람직한 것인지 판단하는 관점을
뜻합니다.]

["가치관 부품"을 우주선에 끼운 사람들의 탐험
이야기를 들어보면, 그들은 함께 일하며 구성원이 되는
것을 중요시하기 때문에 함께 소속감을 느끼는 것을
즐기며 살아간답니다. 이처럼 자신만의 우주선 부품을
발견하면, 삶의 만족감, 성취감과 더불어 직업을 선택하는
과정에서 중요한 기준이 될 겁니다. 함께 12가지 부품들
중 나에게 맞는 부품을 찾아 우주선을 정비해볼까요?]

1. 12가지 우주선 부품들 중 자신의 우주선에 더 맞는 부품 3가지에 동그라미를 쳐보아요.

안정성
"안정성" 가치가 높을수록 내가 하고 싶은 일을 계속해서 안정적으로 하는 것을 중요하게 여긴다는 것을 나타냅니다.

보수
"보수" 가치가 높을수록 일을 통해 돈과 같은 경제적 보상을 얻는 것을 중요하게 여긴다는 것을 나타냅니다.

일과 삶의 균형
"일과 삶의 균형" 가치가 높을수록 일과 개인생활의 균형을 이루는 것을 중요하게 여긴다는 것을 나타냅니다.

즐거움
"즐거움" 가치가 높을수록 일에서 흥미와 보람을 느끼고 즐거움을 믿는 것을 중요하게 여긴다는 것을 나타냅니다.

소속감
"소속감" 가치가 높을수록 사람들과 함께 일하면서 구성원이 되는 것을 중요하게 여긴다는 것을 나타냅니다.

자기 계발
"자기 계발" 가치가 높을수록 일을 통해서 자신의 능력을 발전시키고 성장해 나가는 것을 중요하게 여긴다는 것을 나타냅니다.

도전성
"도전성" 가치가 높을수록 실패를 두려워하지 않고 새로운 일에 도전하는 것을 중요하게 여긴다는 것을 나타냅니다.

영향력
"영향력" 가치가 높을수록 다른 사람에게 영향을 미치고 사람들을 이끄는 것을 중요하게 여긴다는 것을 나타냅니다.

사회적 기여
"사회적 기여" 가치가 높을수록 다른 사람들의 행복과 복지에 기여하는 것을 중요하게 여긴다는 것을 나타냅니다.

성취
"성취" 가치가 높을수록 목표 의식이 뚜렷하고, 자신의 능력을 발휘하여 목표한 바를 달성하는 것을 나타냅니다.

사회적 안정
"사회적 인정" 가치가 높을수록 다른 사람들에게 인정받고 존경받는 것을 중요하게 여긴다는 것을 나타냅니다.

자율성
"자율성" 가치가 높을수록 일의 내용과 환경을 스스로 결정하고 선택하는 것을 중요하게 여긴다는 것을 나타냅니다.

2일 차
나의 우주선 정비하기

2. 선택한 3가지 가치관 부품들 중 우선순위를 매겨볼까요?

1)

2)

3)

3. 우선순위로 선택된 가치관 부품들을 이미지화하여 가치관을 기록해보아요.

1) 나의 가치관 1) _____ 부품을 기록해보세요.
(1) 나의 우주선에 ____부품이 맞는 이유가 무엇일까요?

(2) ____부품을 우주선에 장착한다면 무슨 직업을 꿈꿀 수 있을까요?

2) 나의 가치관 2) _____ 부품을 기록해보세요.
(1) 나의 우주선에 ____부품이 맞는 이유가 무엇일까요?

(2) ____부품을 우주선에 장착한다면 무슨 직업을 꿈꿀 수 있을까요?

3) 나의 가치관 3) _____ 부품을 기록해보세요.
(1) 나의 우주선에 ____부품이 맞는 이유가 무엇일까요?

(2) ____부품을 우주선에 장착한다면 무슨 직업을 꿈꿀 수 있을까요?

4. 3가지 가치관 부품을 바탕으로, 최종적으로 장착할
   나의 우주선 부품은 무엇일까요?

1) 선택된 나의 가치관 부품은 무엇인가요?

2) 나의 우주선에 일치하는 부품과 관련하여 자신에게
   맞는 직업은 무엇일까요?관련 직업을 검색
   해보아도 좋습니다.

2일 차
나의 우주선 정비하기

[비행을 떠나기 위한 준비가 잘 진행되고 있는 것
같습니다!]

['나의 우주선 정비하기' 활동은 즐거우셨나요?
나의 우주선에 맞는 가치관 부품을 탐색해보는 과정은
각 개인이 삶에서 무엇을 더 중요하게 여기는가에 대한
정보를 제공함으로써 진로 선택에 도움을 줄 겁니다.]

[그렇다면 이제 다음 준비를 위해 떠나봅시다.]

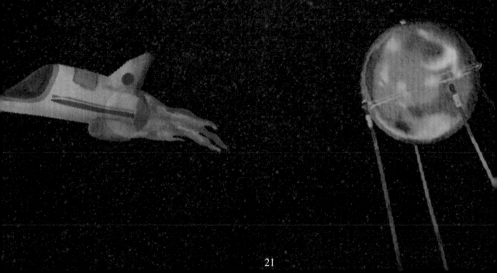

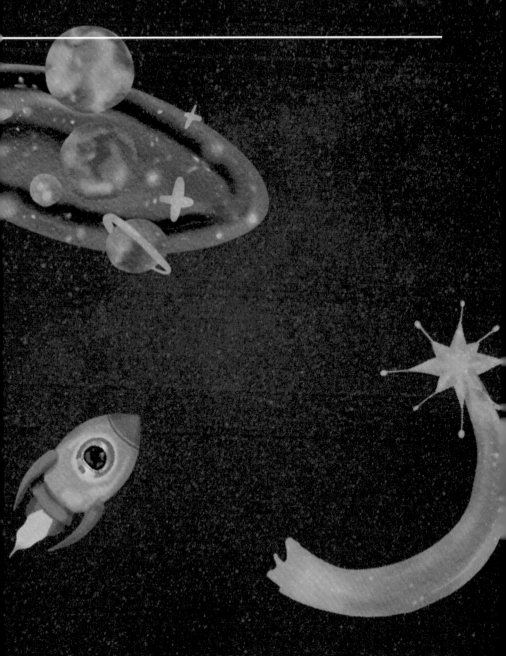

3일 차
나의 우주복 점검

[자신과는 다른 부품을 장착해 탐험하고 있는
사람들을 자세히 관찰해봅시다. 같은 부품을 장착하고
있는 그들은 서로 비슷한 방식으로 살아가고
있지만 한 가지 특이점이 보이지 않나요?
맞습니다. 동일한 '가치관 부품'을 장착하고 있는
사람들일지라도 그들 모두 각기 다른 '흥미 우주복'을
입고, 각기 다른 탐험을 하고 있습니다.]

[그렇다면
나는 나의 '가치관 부품' 그 이상으로
어떤 탐험을 할 수 있을까요? 나의 흥미 분야를 찾아
우주복을 점검한다면, 결과적으로 나의 역할 수행과
더불어 가치관 부품에서 삶의 방향성을 찾는 과정에
도움이 될 겁니다. 나의 흥미 있는 분야를 찾아보며
자신의 우주복을 점검해봅시다.]

[본격적으로 '흥미 우주복'을 점검하기 전,
일상 속 '나'를 한번 돌아보는 시간을 가져봅시다.]

1. 나는 평소에 어떤 방식으로 일을 하나요?

2. 나에게 적합한 근무 공간이 있나요?

3. 나의 일하기 방식과 적합한 근무 공간의 '나'를
   그려보아요.

3일 차
나의 우주복 점검

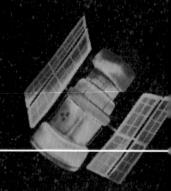

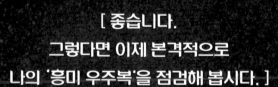

[좋습니다.
그렇다면 이제 본격적으로
나의 '흥미 우주복'을 점검해 봅시다.]

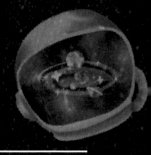

4. 아래의 표는 "직업 흥미 유형" 6가지에 관해
설명하고 있어요.
앞서 알아본 일상 속 '나'는 어떤 우주복과 어울릴까요?
6가지의 우주복을 보고 자신에게 가장 맞는 것을
선택한 후 이유를 생각해 보아요.

가. 현실형
* 기계나 사물을 조작하는 직업을 선호함
* 현실적인 성취에 대한 물질적 보상을 중요시 여김
* 평범하고 솔직하다는 평가를 받으며 타인과의 상호작용하는 활동을 회피함

나. 탐구형
* 탐구, 예측활동 및 자연과 사회현상에 대한 통계를 내는 직업을 선호함
* 지식의 개발 혹은 습득에 대한 가치를 중요시 여김
* 지시적이고 비사교적이라는 평가를 받으며 설득해야 하는 활동을 회피함

다. 예술형
* 자유롭고 예술적인 활동을 선호함
* 아이디어, 감정, 정서의 창조적인 활동에 대한 것을 중요시 여김
* 질서정연하지 않고 창조적이라는 타인의 평가를 받으며 틀에 박힌 활동을 회피함

라. 사회형
* 상호작용을 통해 다른 사람을 돕고 다루고 상담하는 직업을 선호함
* 타인의 복지와 사회적인 서비스를 조장하는 가치를 중요하게 여김
* 상냥하고 외향적이라는 평가를 받으며 기계적이고 기술적인 활동을 회피함

마. 진취형
* 다른 사람을 설득하고, 지도하고, 조정하는 활동을 선호함
* 물질적인 성취와 사회적인 지위를 중요시 여김
* 열정적이고 집단활동을 좋아한다는 평가를 받으며 과학적이고 심오한 주제에
  대한 활동을 회피함

바. 관습형
* 규칙을 세우고 유지하거나 기준을 적용하고 따르는 활동을 선호함
* 물질적인 성취와 사회, 경영, 정치적 영역에서 활동하는 것을 충요시 여김
* 조심스럽지만 확신한다는 평가를 받으며 모호하고 구조화 되지 않는 활동을
  회피함

3일 차
나의 우주복 점검

4-1. 어떤 흥미 우주복이 일상 속 '나'와 가장
      잘 어울릴까요?

4-2. 그렇게 생각한 이유가 무엇인가요?

5. 기존의 가치관 부품과는 다른 흥미 유형이
   나타났을 수 있어요. 흥미 우주복을 바탕으로
   자신의 부품을 다시 한번 찾아볼까요?
1) 나의 직업 흥미 우주복과 어울리는 직업은
   무엇일까요?

2) 현재 장착 중인 2일 차 '나의 가치관 찾기' 부품의
   특징과 비슷한가요? 차이가 있다면 이유가
   무엇일까요?

[아주 잘하고 있습니다! 우주로 나가기 전 자기 우주복을
점검하는 과정을 잘 끝마쳤습니다.
스스로 흥미 있는 분야를 알기 위해 일상 속 나를 돌아보고,
직업 흥미 유형을 바탕으로 자신을 이해해보는 데
좋은 경험이 될 겁니다.]

4일 차
성장 은하수

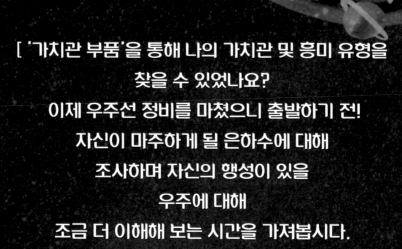

['가치관 부품'을 통해 나의 가치관 및 흥미 유형을
찾을 수 있었나요?
이제 우주선 정비를 마쳤으니 출발하기 전!
자신이 마주하게 될 은하수에 대해
조사하며 자신의 행성이 있을
우주에 대해
조금 더 이해해 보는 시간을 가져봅시다.
우리가 찾아볼 은하수는 '성장 은하수'입니다.]

['성장 은하수'에서 탐험하고 있는 사람들은
계속해서 자신에 대해 탐구하고 새로운 '나'를 향해
나아가는 걸 추구합니다.
그들은 자신의 장점과 더불어 보완할 점도
발견하는 것을 즐기죠.
우리도 '성장 은하수'를 둘러보며, 다시 한번
나에 대한 정보를 구체화해 볼까요?]

['성장 은하수'에서 탐험하는 사람들이 별을 찾기 위해
가장 많이 하는 질문을 통해 나의 장점을 찾아보는
시간을 가져 보겠습니다.]

1. 나의 장점이 발현되는 장소는 어디일까요?

2. 나는 평소 어떤 활동을 할 때 칭찬을 받았나요?

3. 나의 장점은 어느 상황에서 가장 잘 발현되나요?

4. 나의 장점이 발휘될 때 어떤 감정이 들었나요?

4일 차
성장 은하수

5. 위 질문들을 바탕으로 느껴지는 나의 핵심 장점은
   무엇일까요?

[좋아요. 나의 장점이 어느 정도 파악이 되었나요?
다음 장을 넘겨 추가로, '성장 은하수'를 탐험하는
사람들이 가지는 또 다른 질문들을 답해볼까요?]

1. 나의 보완해야 할 점이 발현되는 장소는 어디일까요?

2. 나는 평소 어떤 활동을 할 때 부정적 반응을 받았나요?

3. 위 질문들을 바탕으로 느껴지는 나의 핵심 보완할 점은 무엇일까요?

4. 나의 보완할 점을 어떻게 보완할 수 있을까요?

4일 차
성장 은하수

[이 세상에는 장점만 존재하는 사람은 없습니다.
'성장 은하수' 속 사람들 또한,
모두 장점과 보완할 점을 갖고 있습니다.
나의 장점은 나를 빛날 수 있게 도움을 주며,
보완할 점은 '성장 은하수'에서 행성을 찾는
과정에서 스스로 발전할 수 있도록
도움을 주는 계단 역할을 할 겁니다.]

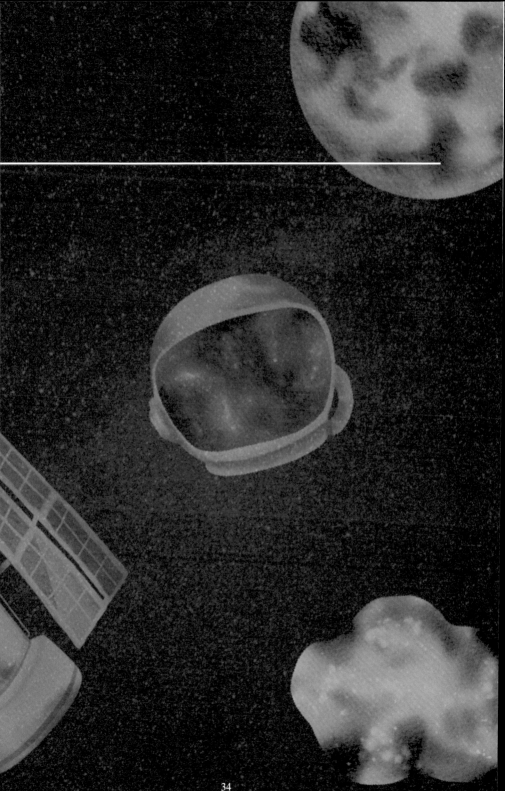

5일 차
종합 페르소나

[본격적으로 우주를 돌아다니기 전 1주 차 활동을 통해
연료통 준비와 나의 우주선 정비, 은하수 찾기를
끝마쳤습니다. 1주 차 활동이 우주를 탐색하기 전 준비를
하는 데 도움이 되었나요?]

[우주를 떠나기 전 중요한 최종 준비!
우리는 우주여행을 하기 전 최종 계약서를 작성해야만
한답니다. 종합 페르소나 프로필 계약서는 '나'를 알아본 1
주 차 활동을 통해, 최종적으로 '나'는 어떤 사람일지
적어야 합니다. 종합 페르소나 프로필 계약서를 적어 보며
우주를 떠날 마지막 준비를 해보겠습니다.]

〈종합 페르소나 프로필 계약서〉

이름 :

나이 :

사는 곳 :

취미 :

나를 표현하는 단어 :

나의 라이프 스타일 :

EX. 즉흥적으로 사는 편이다.

　　도전적으로 여러 경험을 하는 편이다.

나의 성격

꼼꼼한 VS 자유로운

예민한 VS 단순한

감정적인 VS 이성적인

외향적인 VS 내성적인

생각부터 VS 행동부터

나무를 보기 VS 숲을 보기

5일 차
종합 페르소나

[우주선 연료통 채우기부터 종합 페르소나 계약서
작성까지 우주를 떠날 준비가 모두 완료되었습니다.
이제 본격적으로 우주 속 자신의 별에 도착하기 위한
탐험을 시작할 수 있을 것 같습니다.]

[탐험을 떠날 마음의 준비는 되었나요?
우주선에 불이 들어오네요! 그럼 출발해 봅시다.]

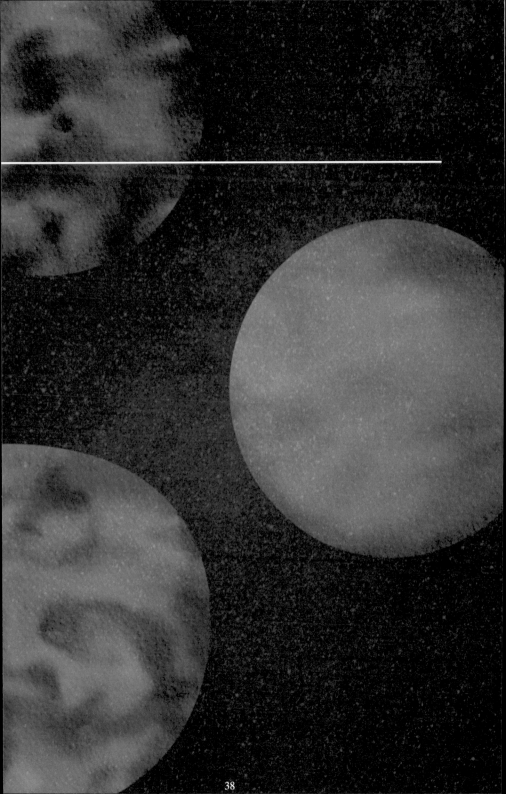

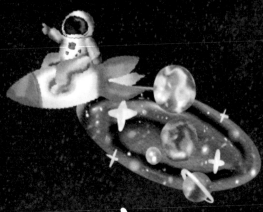

2주 차

진로에 관한 의미를 찾아
별을 탐색하기

1일 차:나의 우주 펼치기

2일 차: 나의 전등 점검하기

3일 차:우주 탐험 지도 그리기

4일 차: 여정 멈춰서기

5일 차: 나의 은하수 체크하기

1일 차
나의 우주 펼치기

[우리는 우주 탐험을 하던 중 새로운 행성을 찾는
단계에 이르렀습니다. 그 길을 찾기 위해
지난 1주 차의 탐험을 떠올려 봅시다.
나에게 '진로'라는 우주는 어떠한 곳인가요?]

1일 차의 활동으로는 진로 마인드맵을
그려볼 거예요. 설명을 읽고 나만의 마인드맵을
꾸며 볼게요! 마인드맵 활동은 한 장을 넘긴 후 보이는
흰 여백에 작성해봅니다.

1. 활동지 가운데에 '진로'를 떠올릴 때 연상되는
   진로 이미지를 그려 보아요.

2. 이미지를 그려보았다면 아래에 있는 진로 키워드를 읽어 보세요. 각 키워드에 따라 어떤 생각과 감정이 드나요? 키워드를 읽고 든 나의 느낌을 활동지에 그린 진로 이미지 주변에 기록해 보아요.

(나만의 진로 키워드를 빈칸에 새롭게 추가하는 것도 좋은 방법이에요!)

진로 키워드
[꿈] [진로] [일] [직업]
[나의 관심사] [나의 롤모델] [나의 가치관]
[삶을 대하는 나의 태도]
[꿈을 이루기 위해 가진 나의 힘]
[   ] [   ]

1일 차
나의 우주 펼치기

3. 어느덧 진로 이미지와 진로 키워드를 갖춘
   탐험자님의 우주가 보이네요!
   나의 진로 우주를 펼쳐보니 탐험자님에게는
   현재 어떤 것들이 떠오르나요?
   나에게 떠오르는 느낌을 글이나 그림, 모양,
   표정으로 표현해 보아요.

[탐험자님의 우주는 이렇게 구성되어 있군요!
진로는 마치 우주처럼 크고 광활하게만 느껴집니다.
그렇기에 진로에 관한 생각과 감정을 떠올리는
과정이 쉽지만은 않았을 겁니다.
하지만 이렇게 다채롭게 표현된
우주를 보게 되니 우리의 본격적인 우주 탐험이
서서히 시작되는 듯한 설렘이 느껴집니다.]

2일 차
나의 전등 점검하기

[우리는 진로라는 넓은 우주를 탐험할 때
여러 신념을 가지고
생각하며 판단합니다.
우리의 신념은 우주를 바라볼 때 쓰이는
우주선의 전등과 같습니다.]

[만약 전등이 우주선이 맞지 않다거나,
전등의 연료가 소모된다면
우리는 우주를 제대로 볼 수 없을 것입니다.
탐험자님은 진로에 대해
어떤 신념을 가지고 계시나요?
그러한 신념이 혹여 탐험자님의 우주를
어둡게 만들고 있진 않나요?]

[엇! 잠시만요. 탐험자님. 잠시 이리 오셔서 전등을
확인해 보셔야겠습니다. 전등의 불빛에 연료가
부족한지 계속해서 깜빡거리고 있습니다.
이번 기회에 잠시 우주 정거장에 정차하여
전등을 살펴봐야겠습니다. 전등을 살피기 위해
탐험자님의 진로 신념에 대한 탐색을 해봅시다.]

[다음은 '폴라리스'가 수집한 고장난 전등의
'진로 신념 빅데이터'입니다!
청소년 탐험자들은 이러한 진로 신념을
생각한다고 합니다.]

a. 나는 성공해야 한다.

b. 나는 나의 적성조차 모르는 사람이다.

c. 나는 내게 완벽한 직업을 찾아야만 한다.

나의 전등 점검하기

[많은 탐험자는 진로에서의 성공을
기대하고 바라곤 합니다.
하지만 광활한 우주에서 단번에
나의 별을 고르기가 어렵듯이
진로 탐험에서 단번에 완벽한 성공을
이루기는 어렵고 막막할 수 있답니다.]

[그러니 우리에게는 진로 탐험의 과정을
유연하게 대하는 새로운 태도가 필요합니다.
이어서 아래에 새롭게 A/S된
전등의 모델을 읽어봅시다.]

ⓐ 나는 성공하고 싶다.

ⓑ 나는 나의 적성을 알고 싶은 사람이다.

ⓒ 나는 내게 맞는 완벽한 직업을 찾고 싶다.

[이렇게 새로운 전등 모델을 보니 어떤가요?
새로운 모델을 읽어보니 진로에 관한
새로운 욕구와 에너지가 느껴집니다.]

[이처럼 새로운 생각의 물꼬를 트는 것은
우리의 우주를 밝히는 데 도움을 줍니다.
이제 본격적으로 탐험자님의 망원경에 쓰이는
전등을 살펴봅시다.]

2일 차
나의 전등 점검하기

다음 활동과 함께 우리의 탐험을 이어가 볼게요.

1. 현재 탐험자님은 진로에 관해 어떤 생각을
   가지고 있나요?
   탐험자님의 진로 신념을 빈칸에 적어 보아요.

a. 나는_____을(를) 해야하는
사람이다.

b. 꿈을 위해
   나는_____
   해야만 한다.

c. 꿈을 이루지 못한다면,
   나는_____

d. (자유롭게 작성)

_____

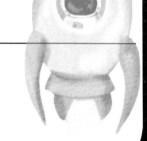

2. 이제 앞에서 적은 진로 신념을 새롭게
   A/S 해볼 거예요. 각각의 신념을 새로 수정하여
   적어 보아요. 이때 탐험자님에게는 어떤 생각과
   감정이 드나요? 진로 신념을 읽고 든
   나의 생각과 감정을 기록해 보아요.

ⓐ 나는_____을(를)
   하고 싶은 사람이다.
   (나의 생각, 감정):

ⓑ 꿈을 위해
   나는_____
   하고 싶다.
   (나의 생각, 감정):

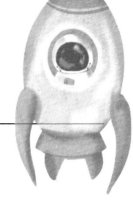

ⓒ 꿈을 이룬다면,
   나는_____
   (나의 생각, 감정):

ⓓ

3. 2일 차에서 활동한 내용을 보니,
   나의 진로 탐험에 새롭게 장착하고 싶은
   진로 신념의 전등이 있나요?
   ⓐ~ⓓ의 진로 신념에서 가장 튼튼하다고 생각되는
   신념을 적어 보아요. 이 문장은 탐험자님의 우주선에
   새로 장착될 전등이 될 거예요.

4. 오늘의 탐험을 마치며 무엇을 배우고 느낄 수
   있었나요? 간단히 기록해 보아요.

[탐험자님! 전등 수리가 모두 완료되었습니다.
새로운 전등을 장착하니 '폴라리스'는
앞으로의 우주 탐험이 더욱 기대가 됩니다.
탐험자님의 멋진 비행을 기대해 보겠습니다.]

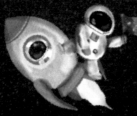

3일 차
우주탐험 지도 그리기

[여정을 떠나기 전에 내가 어떤 여정을 거쳐왔는지
알아보는 것은 중요해요! 이전에 내가 걸어온
과정을 통해 지금의 내가 만들어진 거기 때문이에요!
오늘 나의 진로 여정을 살펴보면서
나를 이해하는 시간을 가져보도록 해요!]

1. 나의 7세 이전, 8~13세, 14~16세, 17~현재의
나이까지 나의 꿈은 어떻게 변화하였나요? 나의
우주 탐험 지도를 그려봅시다!

2. 나의 우주 탐험 지도에서 어떠한 점이 달라졌나요?

3. 나의 진로 여행 지도에서 공통으로
나왔던 점이 있나요?

3일 차
우주탐험 지도 그리기

4. 나는 어떠한 분야에 관심이 있는 것 같나요?
(질문이 어렵다면, 공통으로 나온 분야를 찾아보아도 좋아요!)

5. 나의 진로 여행 지도를 작성하면서 어떤 점을 느꼈나요?

[우리는 모두 계속 변화하는 존재이고,
우리의 흥미나 관심, 특성은 계속 달라질 수 있어요.]

[우리의 진로 발달은 끊임없이
이루어지고, 변화해요. 이를 이해하며
나의 삶의 진로를 계획해 보길 바라요!]

4일 차
여정 멈춰서기: 나의 진로 성숙도 확인하기

[지금까지 나만의 별로 찾아가는 여행을 잘
가고 계셨나요? 오늘 이 시간에는 여정을 잠시
멈춰서 나만의 별을 찾는 길을 끝까지
잘 갈 수 있는지 확인하는 시간을 가져보려고 해요!]

[그래서 오늘은 나의 '진로 성숙도'를 확인해
볼 거예요! 진로성숙도는 '개인이 자신의 연령 수준에서
주어지는 진로 문제에 대처할 수 있는 준비도'를
의미해요! 나의 진로 목표를 설정하고, 독립적으로
나의 진로를 준비하고 계획하는 것 모두
진로 성숙도와 관련된 것이랍니다.
나의 진로 성숙도를 확인하며 나만의 별을 찾는
여정을 잘 준비하길 바랍니다.]

1. 내 진로를 설정하는 데 어떤 목표, 비전이 있나요?

(ex. 나는 의사가 되어 아픈 사람들을 치료하고, 생명을 살리고 싶다. 등)

2. 나의 꿈을 이루기 위해서 어떤 계획이 있나요?

4일 차

여정 멈춰서기: 나의 진로 성숙도 확인하기

**3. 나의 진로에 대해 어떻게 준비하면 진로를 향해
더 나아갈 수 있을까요?**

(ex. 독서를 많이 해서 자신의 마음을 이해해 보는 과정을 경험해 본다. 등)

**4. 나의 진로를 위해서 하고 있는 노력이 있다면
어떤 것이 있나요?**

(ex. 유치원 선생님을 준비하기 위해 봉사활동을 경험한다. 등)

5. 위의 질문을 작성하면서 현재 나의 진로성숙도는
1 ~ 10 점 중에 몇 점 정도인가요?

6. 현재 내가 진로 성숙도를 높이기 위해 노력해야 할
점은 무엇인가요? (ex. 나의 진로 목표 세우기, 다양한
진로 분야 인터뷰 찾아보기 등이 있어요!

4일 차
여정 멈춰서기: 나의 진로 성숙도 확인하기

[오늘은 잠시 여정을 멈춰서
나의 진로 성숙도는 어떠한지
점검하는 시간을 가졌습니다.
나의 진로 성숙도를 체크하면서
어떤 점을 느끼셨나요?]

[나의 자리에서 진로 목표를 세우고,
준비를 열심히 하여 나만의 별을 찾길 바랍니다.]

5일 차
나의 은하수 체크하기

[이제 다시 나만의 별을 찾아나가는
여정을 시작할 시간이에요!]

[나의 별을 잘 찾아가기 위해서는
내가 어떤 자원을 가졌는지 어떤 것을
보충해야 하는지 아는 게 중요해요!
오늘 이 시간에는 내가 어떤 것을 잘하고,
부족한지 확인해 보는 시간을 가져볼게요!]

1. 1주 차에서 찾아봤던 내가 좋아하고,
잘하는 분야는 어떤 것인가요?

2. 그 진로 분야와 나와 잘 맞는 점은 무엇인가요?
(적성, 흥미, 능력 등)

5일 차
나의 은하수 체크하기

3. 그 진로 분야와 나와 잘 맞지 않는 점은 무엇인가요?
(적성, 흥미, 능력 등)

4. 나와 잘 맞는 점은 어떻게 더 발달시킬 수 있을까요?

5. 나와 잘 맞지 않는 점은 어떻게 보완할 수 있을까요?

6. 오늘 진로와 관련한 나의 기회/문제 상황을
작성하면서 어떤 점을 느꼈나요?

5일 차
나의 은하수 체크하기

[오늘 나의 우주 연료를 채워보는
시간을 가졌어요! 자신의 연료가 다 가득한
사람은없답니다. 어느 정도 다른 부분이
있는 것은 당연한 것이에요!]

[나의 부족한 부분과
나의 장점 모두 수용하고, 이해하면서
현명하게 진로 준비를 하는 여러분이
되길 바라요. 이제 3주 차로 떠나봅시다!]

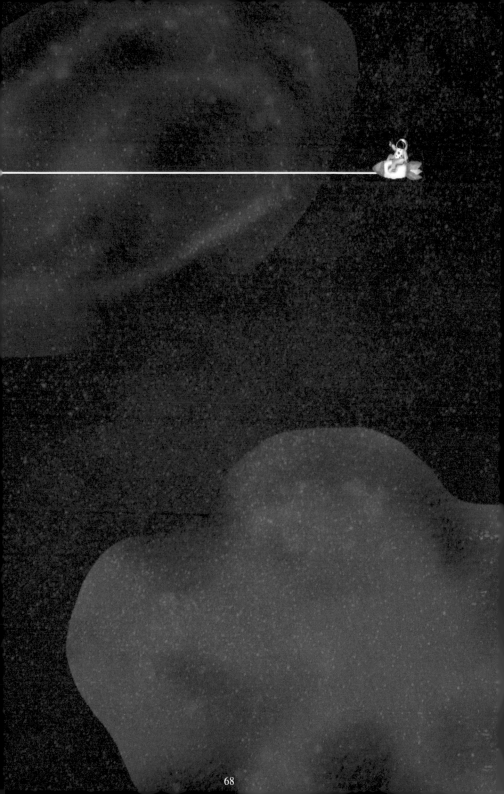

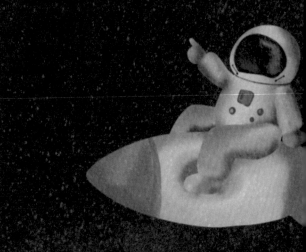

3주 차

나만의 별을 찾아
우주 지도 만들기

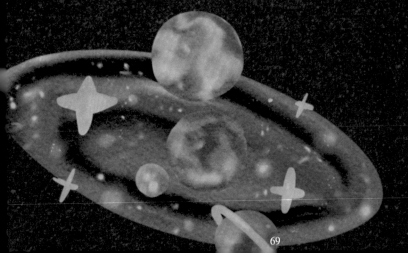

1일 차 : 내비게이션 '폴라리스' 작동시키기

2일 차 : 어떤 별이 있는지 알아보자 (1)

3일 차 : 어떤 별이 있는지 알아보자 (2)

4일 차 : 그 별에 살고 있는 사람은 누구일까?

5일 차 : 나만의 별을 찾아서! 우주 지도 만들기

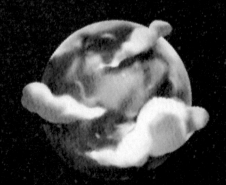

1일 차
내비게이션 '폴라리스' 작동시키기

[안녕하세요. 여행자님.
저는 당신을 위한 우주탐험 가이드 내비게이션
'폴라리스(Polaris)'입니다.
지난주, 장비를 챙기는 동안 스스로에 대해서 많이 알아
보셨나요?
그런데 아직 자신에 대해 잘 모르시겠다면,
지금부터 '폴라리스'가 함께 여행자님의 이해를 도와
드리겠습니다.]

[여행자님은 평소 관심사가 무엇인가요?
좋아하는 것과 싫어하는 것에 대해 깊이 생각해 본
적이 있으신가요? 자신의 흥미를 아는 것은
직업 선택·지속·만족감에 큰 영향을 줍니다.
지금부터 직업흥미검사를 통해 여행자님이
어떤 종류의 일에 얼마나 흥미를 느끼고 있는지를
알아봄으로써, 미래의 자신에게 알맞은
직업을 탐색하는 데 도움을 줄 거예요.
자, 그럼 흥미 유형에 대해 함께 알아보도록 합시다.]

활동 전 주의사항!
① 직업흥미검사(H)를 실시해 주세요.
② 검사 결과를 맹목적으로 신뢰하기보다는
자신을 이해하는 하나의 보조자료로 활용합니다.
③ 진로 검사지를 이용한 다양한 활동을 진행할 예정이니
검사 결과지를 꼭 저장해 주세요.

(https://www.career.go.kr/cnet/front/examen/inspctStd.do#)

2일 차
어떤 별이 있는지 알아보자 (1)

[검사 결과. 어떤 유형이 나왔나요?
오늘. 그리고 내일 여행자 님의 흥미 유형에 대해 깊이
알아봅시다. 흥미 유형의 이해를 도울 나침반 QR이
아래에 나와 있습니다.
먼저. 오늘은 1순위 흥미 유형에 대해 알아보겠습니다.
다음 중. 여행자님의 1순위 흥미 유형은 무엇인가요?]

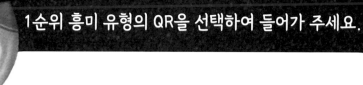

1순위 흥미 유형의 QR을 선택하여 들어가 주세요.

[자, 이제부터 내비게이션 '폴라리스'가 분석한
나침반의 내용과 비교하며 활동을 진행해볼까요?]

1. 나침반이 잘 설명한다고 생각하는 성격특성 2가지를
   골라 적어주세요.

(1)

(2)

2. 나침반이 잘 설명한다고 생각하는 성격특성 2가지를
   골라 적어주세요.

(1)

(2)

2일 차
어떤 별이 있는지 알아보자 (1)

3. 나침반이 제시해 준 대표직업 중 여행자님의 마음에 드는 직업 3가지를 골라 적어주세요.

(1)

(2)

(3)

[정말 잘하고 있어요 !
3가지의 대표직업 중에서 어떤 직업이
가장 마음에 드나요?
가장 마음에 드는 1가지를 골라 직업에 대해
더 깊게 알아봅시다.]

* 다음은 직업에 관한 질문입니다. 커리어넷의 직업백과 사전을 이용하여 질문에 대한 정보를 채워 나가보세요.

(https://www.career.go.kr/cnet/front/base/major/FunivMajorList.do)

1. 해당 직업이 구체적으로 하는 일은 무엇인가요?

2일 차
어떤 별이 있는지 알아보자 (1)

2. 해당 직업을 갖기 위해 어떤 준비를 해야 하나요?

3. 해당 직업의 전망은 어떤 편인가요?

* 다음은 직업에 관한 질문입니다. 커리어넷의 직업백과 사전을 이용하여 질문에 대한 정보를 채워 나가보세요.

(https://www.career.go.kr/cnet/front/base/major/FunivMajorList.do)

(학과에 진학할 필요가 없다면, 직업을 가지기 전 단계가 무엇인지 알아보고 그 단계에 대하여 질문에 답을 해주시면 됩니다.)

1. 해당 직업을 갖기 위해 어떤 학과에 진학해야 하나요?

2일 차
어떤 별이 있는지 알아보자 (1)

2. 해당 직업을 갖기 위해 어떤 준비를 해야 하나요?

3. 해당 직업의 전망은 어떤 편인가요?

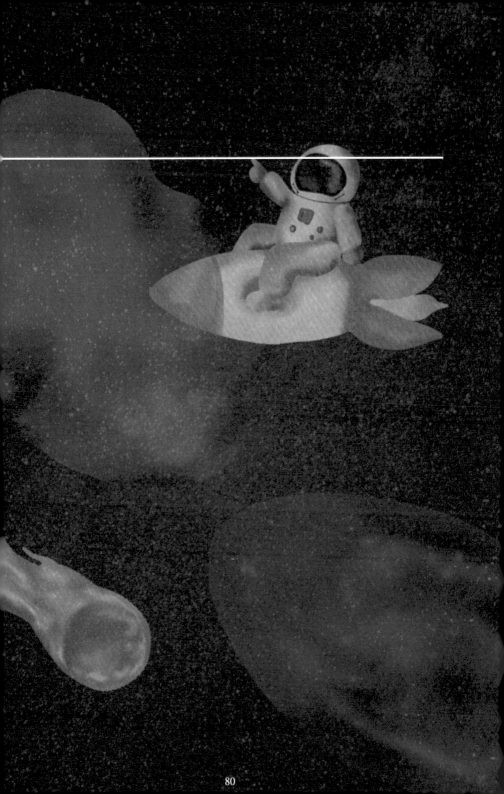

3일 차
어떤 별이 있는지 알아보자 (2)

[지난 시간에는 1순위 흥미 유형에 대해 알아보고

관련직업까지 함께 알아보았습니다.

오늘은 2순위 흥미 유형에 대해 알아보겠습니다.

다음 중, 여행자님의 2순위 흥미 유형은 무엇인가요?]

2순위 흥미 유형의 QR을 선택하여 들어가 주세요.

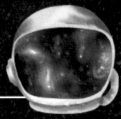

[자. 이제부터 내비게이션 '폴라리스'가 분석한
나침반의 내용과 비교하며 활동을 진행해볼까요?]

1. 나침반이 잘 설명한다고 생각하는 성격특성 2가지를
   골라 적어주세요.

(1)

(2)

2. 나침반이 잘 설명한다고 생각하는 직업 특성 2가지를
   골라 적어주세요.

(1)

(2)

3일 차
어떤 별이 있는지 알아보자 (2)

3. 나침반이 제시해 준 대표직업 중 여행자님의 마음에 드는 직업 3가지를 골라 적어주세요.

(1)

(2)

(3)

[정말 잘하고 있어요 !
3가지의 대표직업 중에서 어떤 직업이
가장 마음에 드나요?
가장 마음에 드는 1가지를 골라 직업에 대해
더 깊게 알아봅시다.]

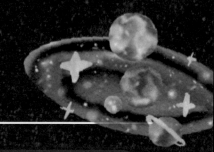

* 다음은 직업에 관한 질문입니다. 커리어넷의 직업백과
  사전을 이용하여 질문에 대한 정보를 채워 나가보세요.

(https://www.career.go.kr/cnet/front/base/major/FunivMajorList.do)

1. 해당 직업이 구체적으로 하는 일은 무엇인가요?

3일 차
어떤 별이 있는지 알아보자 (2)

2. 해당 직업을 갖기 위해 어떤 준비를 해야 하나요?

3. 해당 직업의 전망은 어떤 편인가요?

* 다음은 직업에 관한 질문입니다. 커리어넷의 직업백과
  사전을 이용하여 질문에 대한 정보를 채워 나가보세요.

(https://www.career.go.kr/cnet/front/base/major/FunivMajorList.do)

(학과에 진학할 필요가 없다면, 직업을 가지기 전 단계가
무엇인지 알아보고 그 단계에 대하여 질문에 답을 해주시면
됩니다.)

1. 해당 직업을 갖기 위해 어떤 학과에 진학해야 하나요?

3일 차
어떤 별이 있는지 알아보자 (2)

2. 학과에서 공부하는 과목은 무엇이며 어떤 내용을 배우나요?

3. 해당 학과에 진학하기 위해 어떤 준비를 해야 하나요?

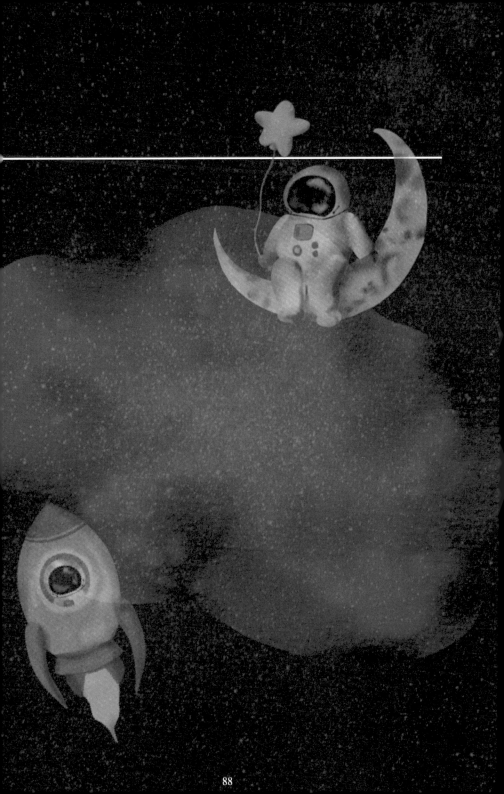

4일 차
그 별에 살고 있는 사람은 누구일까?

[우리는 지금까지 어떤 별이 있는지 알아봤습니다.]

[그렇다면 그 별에는 어떤 사람들이 살고 있을까요?]

[우주인이 되어 별에 먼저 도착한 사람들과
만나봅시다!]

1. 홀랜드 검사를 통해 알게 된 직업 중에서 가장 마음에
   드는 직업 1개를 적어 봅시다.

2. (직업 이름)을 선택한 이유는 무엇인지 작성해 봅시다.

4일 차
그 별에 살고 있는 사람은 누구일까?

3. 인터넷 검색을 통해 (직업 이름)을 가지고
   별에 먼저 도착한 사람들(롤모델)을 알아봅시다.

인물에 대해 인터뷰를 해봅시다. 이메일, 전화 등을 이용하여
직업인과 직접 인터뷰를 해보거나 뉴스 기사를 통해 조사해 보세요.

- 인물 이름 :

- 직업명 :

- 해당 직업을 꿈꾸게 된 특별한 계기 및 과정 :

- 직업의 장단점 :

- 일하면서 가장 보람찼던 순간과 아쉬웠던 순간 :

- 직업을 위해 갖추어야 할 능력 :

- 직업적 능력과 관련된 나의 특기 :

4. 내가 만들어 가고 싶은 별 이름(직업명)과, 그 별에 사는
   우주인 이름(직업인)을 지어주세요.

5일 차
나만의 별을 찾아서! 우주 지도 만들기

[4일간 내비게이션 '폴라리스'와 함께
흥미 유형 · 직업 탐색, 진로롤모델 설정 활동을
진행하였습니다.]

[어떠셨나요?
여행자님을 이해하는 데
조금이나마 도움이 되었을까요?]

[오늘의 활동은 4일간 진행한 활동을 바탕으로
여행자님만을 위한 지도를 제작해 볼 거예요.]

[지도를 제작하며 길을 잃었던 자신에 대해
다시 한번 돌아보며
방향을 잡고 앞으로 나아가 볼까요?]

〈활동방법〉

1. 검사 결과 나온 점수가 큰 순서대로
   큰 행성을 그립니다
   (점수가 크면 행성도 크고 점수가 작으면
   행성도 작아요!)

2. 1순위와 2순위 흥미 유형이 자신을
   잘 설명한다고 생각하는 성격, 직업,
   관련 직업을 작성합니다
   (2일 차와 3일 차에서 했던 활동들을
   다시 살펴보며 진행해 보아요!)

(활동예시)

5일 차
나만의 별을 찾아서! 우주 지도 만들기

〈우주 지도 만들기〉

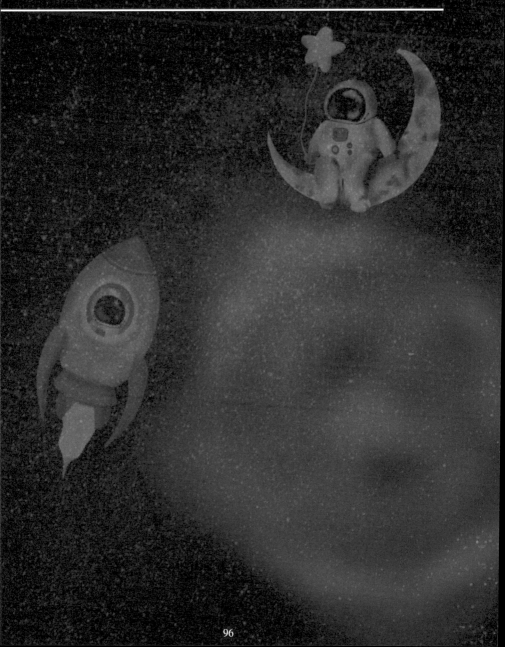

4주 차

행성에 도착해
우주 탐험을 마치며 탐험 정리하기

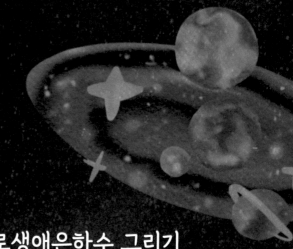

1일 차 : 진로생애은하수 그리기

2일 차 : 진로생애은하수 바라보기

3일 차 : 나의 별 채워보기

4일 차 : 앞으로의 탐험일지

5일 차 : 나만의 별 빛내기: 우주 탐험 마무리

1일 차
진로생애은하수 그리기

[수많은 별이 모여 만들어진 은하수처럼 우리에게도 많은 역할이 모여 '나'가 됩니다. 자녀, 학생, 직장인, 여가인, 배우자, 부모, 은퇴자와 같은 역할이 있답니다. 자신의 은하수를 탐색하는 과정을 통해 자신에게 부여될 다양한 역할을 생각하면, 역할들을 시각화할 수 있게 됩니다. 더 나아가 미래의 역할을 예측하고 목표를 세울 수 있게 될 수 있습니다. 이런 역할들이 모여 은하수가 완성되고 길게 이어진 은하수를 통해 별에 다다를 수 있게 됩니다. 그러므로 진로생애은하수 그리기를 통해 별의 길을 그려봅시다.]

[다음 페이지 그림은 폴라리스가 그린 생애진로은하수 예시입니다. 왼쪽 아래에 각 역할을 적어보고, 그 역할이 지속되는 기간을 그림을 그려 표시하면 됩니다. 자신이 원하는 색을 입혀 그림을 그리면 자신이 맡고 있는 역할과 앞으로의 역할이 명확해질 것입니다]

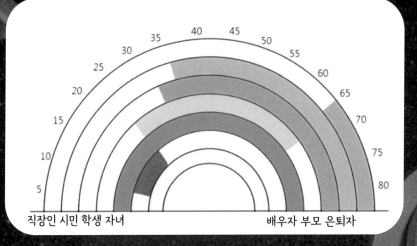

직장인 시민 학생 자녀   배우자 부모 은퇴자

- 자녀의 역할(노란색): 태어나서 죽을 때까지 계속된다
- 학생의 역할(빨간색): 유치원에 입학해 대학 졸업 이후 역할이
끝난다.
- 시민의 역할(파란색): 태어나서 죽을 때까지 계속된다.
- 직장인의 역할(초록색): 대학교 졸업 후 취업해 직장인의 역할이
   시작되어 은퇴까지 계속된다.
- 배우자의 역할(보라색): 결혼 후 역할이 시작되어 죽을 때까지
   계속된다.
- 부모의 역할(분홍색): 자녀가 생긴 후 역할이 시작되어 죽을
때까지 계속된다.
- 은퇴자의 역할(주황색): 직장에서 은퇴한 후 역할이 시작되어
죽을 때까지 계속된다.

1일 차
진로생애은하수 그리기

[이제 생애진로은하수에 여러분이 전 생애를 걸쳐

어떤 생애 역할을 맡는지 써 보고, 각 나이에 맞추어

역할을 표시합시다. 그리고 현재의 삶 속에서

어떤 역할을 하고 있는지 확인하고 앞으로

어떤 역할들을 언제쯤 하게 될지 고민해 본 후에

무지개에 표시해 봐요.]

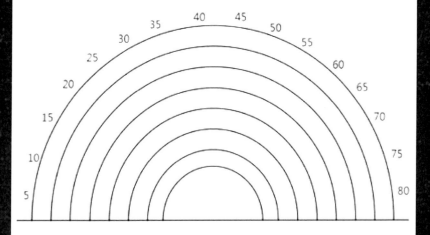

2일 차
진로생애은하수 바라보기

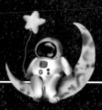

[완성된 자신의 진로생애은하수를 통해 여러 가지
역할을 수행하는 자신과 또 그것이 혼재된 시간을
확인할 수 있게 될 것입니다. 아래 질문에 대한 답을
작성해 보며 역할의 중요도와 미래에 대한 변화를
작성해 봅시다.]

1. 여러분이 현재 어떤 역할을 하고 있는지 모두 적어보아요.
(예: 학생, 자녀 등)

1) 현재 가정에서 어떤 역할을 맡고 있나요?

2) 현재 학교에서 어떤 역할을 맡고 있나요?

2. 여러분의 역할 중에서 가장 '중요한 역할'과 '이유'를 적어보아요

2일 차
진로생애은하수 바라보기

3. 앞으로 예상되는 역할 변화를 적어보아요.
1) 5년 후 나타나는 역할의 변화 및 특징

2) 10년 후 나타나는 역할의 변화 및 특징

4. 다양한 역할을 수행하면 예상할 수 있는 '어려운 점'과 그 '이유'를 적어보아요.

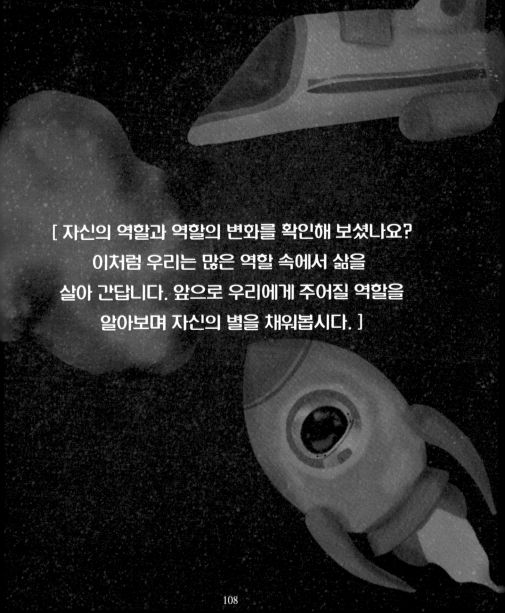

[자신의 역할과 역할의 변화를 확인해 보셨나요?
이처럼 우리는 많은 역할 속에서 삶을
살아 간답니다. 앞으로 우리에게 주어질 역할을
알아보며 자신의 별을 채워봅시다.]

3일 차
나의 별 채워보기

[나만의 별을 채워가는 방법은 다양합니다.

그중 우리가 시도해 볼 것은 기록입니다.

만약 내가 나만의 별에 닿기 위해 택한 방법이
블로그 운영과 유튜브라면
어떤 콘텐츠를 올릴 거 같은지
꾸며봅시다.]

1. 나만의 별 정했다면 이제 채워보아요.

   1) 나만의 블로그 만들기

오늘   전체

홈편집

2) 나만의 유튜브 썸네일 만들기

채널명

ID: @   구독자   동영상   개

소개말:

대표 영상 썸네일

[나의 기록을 모아두는 곳을 만들고 싶다면,
SNS를 활용해 보세요.

인스타그램, 블로그, 유튜브 등 많은 사람이 자신의
포트폴리오를

모아둔 것을 쉽게 찾아볼 수 있습니다.]

4일 차
앞으로의 탐험일지

[자신만의 별을 채워보셨나요? 앞으로 우리의 별을

더 채워가기 위해서는 목표를 설정하고 명확히 해야

합니다. 또한. 또 다른 진로를 찾아 탐험할 수 있기

때문에 현재 자신이 무엇을 해야 하고 어떤 것을

할 수 있는지 구체적인 탐험 일지를 적어야 합니다.

누렷한 목표가 없더라도 폴라리스와 함께하면

모호한 목표에서 조금이라도 할 수 있는 일을

생각하는 시간을 갖게 될 것입니다.이제 별의 길을

개척하기 위한 앞으로 탐험일지를 기록해 볼까요?]

1. 장기 탐험 일지

[명확하지 않더라도 진로를 달성하기 위해 해야 하는 일이나 하고 싶은 일이 있다면 3가지 정도 적어 보아요.]

1). 자신이 원하는 최종의 진로 목표를 세워 보아요.

나의 최종 진로 목표는   이다.

예1: 나의 최종 진로 목표는 사람들에게 도움을 주는 상담사가 되는 것이다.

예2: 나의 최종 진로 목표는 나의 관심 분야를 구체화하는 것이다.

4일 차
앞으로의 탐험일지

2) 최종 진로 목표를 달성하기 위한 장기 목표를 설정해
보아요.

[목표는 장기/중기/단기로 세분화하여
장기는 5~10년 목표, 중기는 1~3년 목표,
단기는 몇 개월~1년 사이의 목표로 구성해 보아요.
목표 달성 시점을 설정하면 이루고자 하는 목표에
더욱 가까워질 수 있습니다.]

2-1) 장기 목표

2-2) 중기 목표

2-3) 단기 목표

4일 차
앞으로의 탐험일지

2. 단기 탐험 일지

[앞서 세운 장기 탐험을 달성하기 위해서는 구체적인
실행 계획이 필요합니다. 이제 장기 탐험을 달성하기
위해 To Do List를 작성하며 단기 탐험 일지를
적어보아요.]

1) 장기 목표 To Do List

(1)

(2)

(3)

2) 중기목표 To Do List

(1)

(2)

(3)

4일 차
앞으로의 탐험일지

3) 단기목표 To Do List

(1)

(2)

(3)

[이루고 싶은 꿈을 날짜와 함께 적어 놓으면

목표가 되고, 목표를 잘게 나누면 계획이 되며,

그 계획을 실행에 옮기면 꿈이 실현된다고 합니다.

우리 모두 진로를 이룰 수 있도록 계획을

실천해 보아요.]

5일 차
나만의 별 빛내기: 우주 탐험 마무리

[이제 곧 탐험을 마무리해야 할 시간입니다.
이제 진로와 관련하여 어떤 역량이 발달하고 있고,
추후 어떤 역량을 더 개발해야 하는지를 알려 주는
검사를 수행해 볼 거예요.]

1. 진로개발역량검사

\# 모바일보다는 PC 사용을 추천합니다
[왼쪽의 QR코드를 핸드폰으로 인식한
후, 진로 개발 역량 검사를 시도해 봅시
다! 인식이 어렵다면 아래의 링크로 접속
하는 방법도 있어요!]

https://www.career.go.kr/cnet/front/examen/
inspctStd.do\#

[어떤 결과가 나왔는지 정리해 봅시다.
역량이 부족하다고 뜨는 부분이 있어도 괜찮습니다.
OO님의 진로 탐험은 어른이 되어서도 계속될 거니
까요. 계속해서 역량을 증진해 봅시다!]

진로 설계 역량 (평균 점수: 점)

구분	점수	구분	점수
자기이해		진로탐색	
직업이해		진로계획	

진로 준비 역량 (평균 점수: 점)

구분	점수	구분	점수
낙관성		유연성	
지속성		도전성	
호기심		의사소통	

5일 차
나만의 별 빛내기: 우주 탐험 마무리

2. 이 워크북을 마무리하면서 달라진 점과 느낀 점을
정리해 보아요.

1) 이제는 '진로'라는 단어를 들었을 때 드는 생각이
어떤가요?

2) 탐험을 하면서 가장 많이 변한 점이 있다면 무엇일까요?

3) 탐험하면서 진로 외에 나에 대해 새롭게 알게 된 점이
있다면 무엇인가요?

4) 앞으로 어떤 마음가짐을 갖고 진로를 향해 걸어갈
것인가요?

5일 차
나만의 별 빛내기: 우주 탐험 마무리

3. 우주 탐험 수료증

[설렘과 기대감이 가득한 우주탐험이었을 수도 있
지만 너무나도 넓은 우주에 두렵기도 하고
때로는 다시 원래 있던 곳으로 돌아가버리고 싶은
마음이 드는 순간이 있었을 수도 있습니다
그럼에도 불구하고 탐험자님은 스스로의 별을
찾아냈어요. 광활한 우주 가운데 자신만의 별을
찾아낸 탐험자님이 훌륭합니다]

[첫번째 우주 탐험을 성실하게 수행하셨기에
수료증을 드립니다.
수료증에 그 누구보다 빛나는
자신의 이름을 적어주세요.]

수료증

성 명

진로 우주 탐험 수료증

귀하는 끝없이 펼쳐진 진로라는 우주 속에서
용기를 잃지 않고 자신의 별을 찾고자
적극적인 자세로 우주 탐험을 수행을 완료하였기에
앞으로의 진로 우주 탐험에서도
용기를 잃지 않고 나아가라는 의미에서
수료증을 수여함

년 월 일

폴라리스
라 잇

에필로그

'나만의 별'을 찾아 나서 탐험을 마친 여러분!
이제 폴라리스와 함께하는 우주탐험은 끝이 났
습니다. 스스로와 맞는 별을 찾으셨나요? 혹은
아직은 나의 별이 어디 있는지 잘 모르겠나요?
그래도 괜찮습니다.

진로우주탐험은 전 생애를 걸쳐서 일어난답니다.
나의 별을 찾았다가도, 또 다른 별을 찾으러 여정
을 떠날 수도 있습니다. 때로는 다시 길을 잃을 수
도 있겠지요.

그럴 때는 다시 한번 탐험을 시작하면 됩니다.
나중에 길을 잃었을 때, 우리가 함께 탐험했던 걸
떠올리며 다양한 나만의 별을 찾을 수 있다는
사실을 잊지 마세요! 나의 첫 탐험은 어땠는지
궁금하다면 저를 다시금 찾아와 주세요.

광활한 우주 속에서 자신의 별을 탐험한 여러분
모두 자기 삶의 과정을 스스로 개척해
나갈 수 있길 바랍니다.

추천사

우수한 상담학 전공생이자 본 워크북의 저자인 8명의 워크북 발간 소식을 축하합니다. 봄이 시작도 되기 전에 2022년 겨울 사전 회의를 거쳐 2023년 봄이 시작되는 3월 본격적인 연구와 열띤 토론과 협의의 시간들을 거쳐 결과물이 탄생됨을 알고 있습니다. 노력과 열정을 담은 헌신의 결과물을 자신 있게 추천합니다.

진로 탐색 과정의 첫 발걸음으로 우주의 항해에 동참해 보시기 바랍니다

단국대학교 LINK3.0 소속 교수 김미경

'나는 무엇을 하고 싶은가?' '내 꿈은 무엇인가?' 누구나 자신에게 던지는 질문이지만 생각보다 쉽게 답이 나오지 않는다. 지금 처음 진로를 꿈꾸어 보는 우리 청소년에게도 쉽게 답하기는 어려울 것이다.

여기 내 모교 후배들에게서 너무나 놀라운 도전을 보게 된다. 첫 진로를 생각해 보는 청소년들에게 가이드북을 선물한 것이다. 자신의 꿈과 진로를 저 드넓은 우주에 비유하고 자신에게 맞는 행성 바로 자신의 꿈을 찾아 떠나는 우주여행을 선물한 것이다.

'맞다! 진로는 스스로 찾는 것이다. 우주인이 망망한 우주에서 자신의 목적지를 찾아야 하는 것처럼. 진로는 한 별에 머무는 것이 아니라 수많은 별을 탐방하는 것일지도 모른다.'

우리 청소년들 '어떻게 진로를 정할까?' 고민 말고 '폴라리스'에 승선해 보시길 바랍니다. 저도 다시 '폴라리스'에 승선하여 제 꿈을 찾으러 갑니다. 우리 함께 가요!

잘사는멘토스쿨 대표 이영권
(저서 : 자잘하게 살지말고 잘사는 법)

"나의 우주를 밝히다: Lighting"은 단국대학교 상담학과 학부생들이 청소년의 진로탐색을 돕기 위해 제작한 진로 워크북입니다.

특히 이 워크북에는 일선 중고등학교나 청소년 활동 현장에서 참여자들이 보다 흥미롭게 워크북 작업을 수행할 수 있도록 다양한 진로 활동들을 제시하고 있습니다. 이 활동들은 Holland 이론, Krumboltz 이론, Super 이론 등 탄탄한 이론적 근거를 바탕으로 제작되었습니다.

또한, 페이지마다 우주여행이라는 테마로 멋진 그래픽의 활동지가 마련되어 있어 청소년 사용자들이 재미있게 워크북 활동을 하기에 적합합니다.

따라서 이 워크북은 청소년 사용자의 개인 커리어 다이어리뿐만 아니라, 학교 진로 수업, 청소년 진로 상담 활동에 효과적인 도구로도 사용할 수 있습니다. 이 워크북이 많은 청소년, 교사, 활동가 등의 진로 탐색 활동에 도움이 되기를 기대합니다.

단국대학교 사회과학대학 상담학과장 유현실

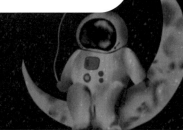

나의 우주를 밝히다 : Lighting

발 행 ㅣ 2023년 08월 03일
저 자 ㅣ 이예은 김영채 김지원 서은교 유지민 조수진 박지윤
최서희
펴낸이 ㅣ 한건희
펴낸곳 ㅣ 주식회사 부크크
출판사등록 ㅣ 2014.07.15.(제2014-16호)
주 소 ㅣ 서울특별시 금천구 가산디지털1로 119 SK 트윈타
워 A동 305호
전 화 ㅣ 1670-8316
이메일 ㅣ info@bookk.co.kr
ISBN ㅣ 979-11-410-3835-9
www.bookk.co.kr
ⓒ 저자명 이예은 김영채 김지원 서은교 유지민 조수진
박지윤 최서희 2023

본 책은 저작자의 지적 재산으로서 무단 전재와 복제를 금
합니다.